AF402646

DE LA
DÉCAPITATION

DE LA
SOCIÉTÉ RURALE

EN FRANCE

ET DU

DÉSACCORD SOCIAL AVEC L'ALLEMAGNE ET L'ANGLETERRE

PAR A. BELLÉE

Si un peu de philosophie éloigne de la religion et que
beaucoup de philosophie y ramène, de petites lumières
sur la nature des choses chez les gouvernants empêchent
de bien voir dans les affaires et amènent souvent des guerres
entre les peuples ; des lumières plus étendues chez eux sur
cette partie produiraient de grands avantages et la paix.

PARIS

LIBRAIRIE FRANÇAISE
E. MAILLET, LIBRAIRE-ÉDITEUR
RUE TRONCHET, 15

1867

DE LA
DÉCAPITATION

DE LA

SOCIÉTÉ RURALE

EN FRANCE

ET DU

DÉSACCORD SOCIAL AVEC L'ALLEMAGNE ET L'ANGLETERRE

Quand on a observé et examiné pendant longtemps et avec soin les formes matérielles de la nature, on voit que tout est arrangé, c'est-à-dire harmonisé en elle. Or, si on réfléchit et que l'on y regarde de plus près, on voit qu'il en est de même entre les esprits. Tous les animaux ont chacun un instinct qui les conduit à leurs fins, c'est-à-dire à se mettre et à rester le mieux en harmonie avec ce qui est, avec la nature.

L'homme, comme à la tête des êtres terrestres, entre bien plus dans cet esprit d'harmonie. Car on le voit partout et dans tout, de ses intérêts et de ses plaisirs, chercher à se régler sur ce qui est, à entrer dans les milieux, à les connaître et à les tourner à son avantage, s'il peut, soit par le côté de l'intérêt, soit par celui de ses plaisirs et de satisfactions intellectuelles et morales.

Tous les hommes, dans chaque endroit, s'agencent avec leurs semblables pour gagner ou vivre et passer leur existence le mieux qu'ils peuvent. Pour cela on les voit se faire doux avec les doux, rudes avec ceux qui sont rudes, gais avec ceux qui le sont ; tristes, même, avec les tristes.

Une nation qui est dans l'état ordinaire et tranquille, présente ces deux aspects : une harmonie par les formes et les rapports matériels, et une autre par les relations et les manifestations morales, lesquelles, celles-ci, ne sont que la conséquence ou le principe générateur de la première.

Mais comme l'ordre de la nature forme le grand ou le contenant, et que l'ordre de l'homme forme le petit ou le contenu, l'homme s'arrange avec le premier : immédiatement, pour les faits du contact, avec le ciel, la latitude, le climat, les saisons dans la contrée ; et lentement, à la longue, pour les effets résultant des forces cosmiques qu'il sent peser sur lui et qui émanent du principe suprême, ou des forces secondaires de la nature.

D'après cela, une réunion d'hommes constituée en État, une nation ou république, comme Hambourg ou Brême, par exemple, avec son agglomération, peut subsister normalement indéfiniment avec son conseil municipal et son sénat : elle n'a pas de territoire, et tous ses intérêts sont des intérêts urbains. Ceux-ci trouvent leur pleine satisfaction dans ses deux corps constitués, qui sont appropriés par leur nature à ses besoins. Ainsi ses intérêts de voirie, de police, ses intérêts d'échange, d'amélioration, ou de création ou de conservation, sont desservis avec plénitude par la compétence des membres de chacun de ses deux conseils, selon l'ordre des faits, membres qui vivent dans son milieu et qui n'ont pas d'autre existence que celle de leurs administrés.

Mais s'il s'agit d'un État à grand territoire, couvert de populations nombreuses, avec des latitudes et des climats divers, ces grandes étendues sur la terre montrant partout des variétés de formes, de couleurs, de natures, de caractères et d'inclinations dans les *faunes* et les *flores*, et bien plus dans les races et les nuances humaines, le code ou la loi politique doit tenir grand compte de cela.

Ici ce n'est plus une ville qui forme un État, c'est un nombre infini de villes et de contrées. Chaque cité reflète son ciel et est en harmonie avec son territoire.

Les lois physiologiques géographiques, étant infiniment diverses, demandent des corps constitués et des compétences infiniment multiples, tant pour les faits usuels de tous les individus et de tous les points, que pour des faits moins communs et plus généraux, mais multiples encore, qui demandent des corps constitués de contrées, une quantité d'intérêts et d'affaires y circulant, y rayonnant et y tournant, avec un centre ou des centres qui en font une sous-unité dans la grande (1).

A la capitale tous ces faits des contrées sont reflétés si la société est dans un état normal. Ainsi, par exemple, le corps de la nation, comme premier aspect, présentant deux grandes divisions : la vie rurale et la vie urbaine, la société rurale et la société urbaine, la capitale aura sa cité des marchands et des hommes d'affaires, avec tous les accessoires de banques, de dépôts de denrées, etc., et son quartier, son grand quartier de la propriété foncière, de la vie rurale et de l'agriculture et de tous les établissements de crédit qui lui sont nécessaires. Et pour ses quartiers d'artisans et de métiers, ce seront les inclinations populaires dans les provinces qui viendront se ranger dans ses métiers. La capitale sera une image en raccourci de l'empire ou de la nation. Il est impossible qu'il en soit autrement de ce que l'on vient de dire, si la société, si la nation est assise sur la nature des choses.

Mais si elle ne l'est pas, c'est un fait grave, immensément grave ! car elle est *échafaudée* et *livrée* aux révolutions !

---

(1) Il est bien évident que dans tout grand pays il y a des *provinces*, dans chacune desquelles de nombreux intérêts rayonnent et circulent sans en sortir, et qu'il n'y a qu'un certain nombre de points généraux qui sont à porter à la capitale ; que chaque province a ses affaires qui demandent ses conseils à elle, chez elle.

I

Un État étendu a des intérêts généraux et des intérêts lo-
caux. Il lui faut des voies de communication. Il a des routes
qui prennent dans chaque direction des vents, de l'extrémité
des contrées à venir au centre ou à son chef-lieu, et d'autres
qui traversent même tout le pays dans divers sens. Pour cela
ces routes sont faites ou à ouvrir ; il lui faut donc des agents de
divers ordres, des ingénieurs qui seront chargés de les faire ou
de les entretenir et qui dépendront du pouvoir central.

Il a des besoins de marine, s'il a des côtes, comme élément
de force pour le maintien de sa souveraineté. Alors il a des
ports, des rades, faits ou à faire ou à entretenir ; il lui faut des
approvisionnements de bois, des chantiers de construction,
etc., avec tout un personnel varié pour les compétences que les
choses demandent.

Il a des armées, des corps militaires de différentes armes
dans le même but, pour prêter main-forte à la justice dans son
intérieur, et pour le maintien de son indépendance.

Il a des intérêts de justice pour la répression des crimes et
des délits, et puis des intérêts généraux de justice civile dans le
grand contentieux, pour faire juger les différends avec lumière
et impartialité (1). Tous les autres intérêts dans cet ordre,
sont des affaires locales usuelles de justice de paix, pour la
conservation de la tranquillité et le maintien des travaux.

Il a des intérêts de finances, d'assiette et de recouvrement
des impôts, pour accomplir tout ce qui est à faire.

Il a des intérêts supérieurs d'agriculture, de commerce et de
fabrique et de travaux, pour l'ensemble de l'État et le besoin des
améliorations générales.

---

(1) Ceci s'entend de décisions rendues par de grands juges, institués en
petit nombre, résidant à la capitale et allant par trimestres ou semestres
dans les départements ou contrées, vider les causes, assistés du jury qui
prononce sur les faits.

Il a des besoins de mines et de l'exploitation des métaux, pour tous ses besoins à lui et les besoins usuels des particuliers.

Mais il n'a que des intérêts d'appui et d'aide à prêter pour l'instruction publique et le culte, parce que ces deux corps n'ont pas de *doctrine*, et qu'ils n'enseignent que des formes de grammaire et de mysticisme, très-facile à s'en aller dans un enseignement de mots et dans des pratiques énervantes des caractères (1).

Tous ces intérêts généraux ont leur établissement de bureaux à la capitale, et leur personnel de délégués dans les provinces.

Les branches de l'intérêt général dans chaque province, d'une nation, ne forment donc, comme on le voit, qu'une *minime fraction* de ceux qui font la vie de cette province. Cette province a donc ses intérêts à elle, et qui demandent de nombreux offices et de bien des ordres d'offices, et qui n'en sortent pas. Tous ces fonctionnaires de lieu sont pour la direction de choses plus ou moins importantes en nombre et en surface : beaucoup sont desservies par des conseils municipaux, de département et provincial (2). Car il y a dans les contrées, comme on vient de le dire, des intérêts qui résultent des courants ou des carrefours d'affaires, fixés comme but ou comme étapes, par les villes, souvent grandes, et qui sont des capitales de provinces.

Partout dans le travail de la vie il y a des hommes qui entendent mieux et font mieux leurs affaires les uns que les autres. Les uns sont zélés et actifs, économes, prévoyants, ils deviennent plus aisés. L'aisance leur donnant encore le temps de réfléchir davantage, ils voient mieux pour tout ou pour des parties que leurs voisins. Les intérêts communs et généraux les frappent ; ils les signalent. Leurs concitoyens le remarquant, ils les considèrent, et puis les honorent de leurs suffrages ; ils deviennent des notabilités.

(1) Il n'y a pas une page dans les livres d'enseignement où il soit parlé d'autre chose que des formes de la langue, de l'arrangement et de la convenance des mots pour les qualités de l'éloquence. Pas un livre ne traite de la vie réelle, du comment un homme doit tenir sa maison et gouverner sa famille, par exemple.

(2) On devrait pouvoir dire aussi de canton.

Jusque dans les faits de guerre cette chose s'aperçoit : le plus brave et le meilleur est élevé par les siens. L'aristocratie terrienne résulte de ce fait, le partage de la terre entre des chefs. Si dans la première assise de cette aristocratie, il se découvre des défauts, parce que des chefs de terre ou de fiefs n'ont pas l'entente de la propriété et de l'agriculture, il ne tiennent pas longtemps, la nature des choses et l'expérience les font crouler ou chasser.

Dans le moyen âge, à toutes les époques, on a remarqué le fait, et aux XII⁰ et XIII⁰ siècles, quand les communes et les villes se sont formées, *chaque partie de la nation avait son aristocratie ou ses notables.*

Mais c'est à partir de là que les juristes qui s'établirent dans les villes, autour de corps de justice qu'ils y firent former, travaillèrent à détruire la notabilité rurale en répandant mille choses contre la noblesse ou la notabilité de la terre.

En apparence ils n'étaient que contre une classe usurpatrice et tyrannique, mais ils étaient contre la *norme sociale.* Roger Bacon et plusieurs le virent bien et s'élevèrent contre eux par leurs écrits. Mais l'Église qui n'avait qu'un code pour le *quiétisme,* la Bible juive, appuya les juristes, et toute la démagogie des Marcel et la démocratie des faubourgs est sortie de là et du célibat sacerdotal, qui allèrent en détruisant toutes les hiérarchies domestiques (1), la diversité des *siéges* et des *préséances* dans la famille et dans la maison, pour établir le mot *égalité,* qui est faux en anthropologie et en histoire naturelle, et affreusement révolutionnaire en politique et ordre social.

La bourgeoisie, qui a eu pour fondement les juristes et la bazoche, n'a pas eu de cesse qu'elle n'ait détruit toute la notabilité rurale, c'est-à-dire la classe supérieure et la classe moyenne

---

(1) Voir sous Louis XI et ses successeurs, où, par la rédaction des coutumes et l'établissement des Parlements, les choses et les faits sont *abstraitisés,* si l'on peut faire le mot, pour les mettre à la prise d'hommes vivant dans la vie renfermée et rendant toute l'année la justice *assis* en dehors des *milieux* où les faits et les causes ont pris naissance ; il n'y entendent rien et rendent tous leurs jugements à côté des faits et circonstances.

dans les campagnes. Ce n'est pas ici la place et nous ne voulons pas montrer les immenses et exclusifs biens qu'elle s'est fait par ce moyen, car nous ne voulons pas être irritant. Mais elle est cause que la nation est *décapitée dans une de ses deux moitiés* et ne peut plus marcher dans le mouvement du monde, mouvement *qui va la serrer* avec la nation, *si on n'avise* (1)! La bourgeoisie, vivant dans la vie renfermée et étant arrivée à une pléthore de biens, n'a plus besoin de rien et elle ne fait plus rien; elle ne défend pas même les plus simples principes de l'ordre social contre les éléments perturbateurs, et auprès de l'ordre établi,—s'il se trompait. Voir un grand recueil périodique et surtout sa chronique, qui la reflète si bien (2)! La bourgeoisie ne pense qu'à une chose, c'est que les *charges vives* du pays continuent de rester soumises au hasard, la conscription annuelle, et que le remplacement militaire lui permette d'exonérer ses enfants de *tous risques*, au moyen de quelques billets de banque, et qu'après cela advienne ce que pourra. S'il y a des guerres, elle pourra en suivre, *avec ses fils !* les péripéties, *sur des cartes*, dans son cabinet !

II

La société, fatiguée et déçue par une série d'expériences et de révolutions qui n'ont abouti à rien, ne lit plus les livres; et puis, d'ailleurs, que les livres ne valent presque rien, puisque, d'une part, l'Université, comme on l'a dit, est livrée au rationalisme et ne forme que des grammairiens, et, d'autre part, que l'Église, ne prêchant que le quiétisme et la vie monacale,

---

(1) La bourgeoisie est cause que la France ne peut pas arriver à la liberté.

Nous pourrions donner à cette proposition une évidence et une force formidables ! Nous le ferons peut-être dans un autre écrit.

(2) Son esprit se fait le plus fortement sentir dans tous ces plans de réorganisation de l'armée, pour écarter le *mode* allemand, où tout le monde paye de sa personne !

détourne de la vie réelle. La société reste à la prise et à l'enseignement du *journalisme, exclusivement,* qui est une production au jour le jour, sur les faits du moment, et dans lequel des propositions excessives, inexactes, fausses souvent et dangereuses, — sont enseignées tous les jours, des faits de l'histoire dénaturés, contournés, des faits faux avancés, etc., etc.

Il y a des naturalistes et des professeurs des sciences naturelles payés qui font des cours. La science est très-avancée. La synthèse, ou le dogme, ou le code social, peut être fait pour le gouvernement de la société et de la politique ; ils n'en font rien.

Si la grande division sociale de la vie rurale existait, qui est dans tout État complet le pendant nécessaire de la vie urbaine, *il y aurait à Paris, dans le quartier de la propriété foncière, un grand recueil périodique mensuel ou bi-hebdomadaire, qui répondrait dans tous ses numéros à la* Revue des Deux Mondes, *qui discuterait avec elle les principes, et les principes émis par elle, ce qui donnerait même une émulation qui manque à cette dernière, qui analyserait les livres et les productions qui paraissent, à son point de vue, et qui serait bien plus social et conservateur, et pourtant pleinement progressif et vivant, puisque sa classe dans la nation est dans le vif de la nature et des travaux sur et dans la nature* (1).

La vie de la campagne ayant pour objet l'agriculture et le négoce qui sort de ses denrées, et l'observation physiologique des choses, est toute empreinte, et bien plus empreinte que la vie urbaine, des *formes sociales normales.* Or l'agriculture se fait et ne peut se faire qu'au moyen de la famille et de l'ordre de la famille, parce qu'il y a des travaux qui demandent comme division et compétence : d'abord le père et le mari, comme maître et chef ; les fils adultes, les travaux de l'ordre majeur, le soin et le travail par les grands animaux mâles, les bœufs, les chevaux, etc., les engrais, les façons de la terre, les semailles,

(1) Tant que l'élément d'existence dans les campagnes et le recueil le manifestant dont il s'agit ici n'existeront pas, la France restera fourvoyée et livrée aux révolutions. Parce que cet élément rural n'est point un fait de chiffre, mais un élément *composant et d'ordre* dans la société, et nécessaire dès lors.

les graines et le blé en grange et en terre, les grands travaux du jardin, le soin des arbres et des clôtures; aux jeunes gens et petits garçons, les moutons et les jeunes bêtes, et les commissions à faire ; aux petites filles, les oiseaux de basse-cour et tout plein de petites choses à l'intérieur. Les grandes bêtes femelles et l'élève des veaux et des porcs, aux grandes filles et aux femmes, comme les vaches et les génisses, et puis les soins du ménage et l'ordinaire; à un homme qui aime à rester à la maison, le soin des greniers, des blés et des fourrages ; à un autre qui aime à sortir et qui est intelligent et ménager, les foires et marchés.

Pour les endroits où les céréales ne sont pas la culture, les travaux y sont autres, mais ils se composent d'ordres liés qui rentrent dans ceux-ci.

Or l'ensemble de ces diverses choses, pour peu que l'on veuille le remarquer, constitue un groupe dans l'ensemble des groupes de la vie rurale et est lié avec eux. C'est donc un élément harmonique ou composant de la société et de la nature qui marche par des séries ou groupes et non par des individus.

Le quartier de la vie rurale à la capitale (qui n'est qu'un dédoublement des familles plus ou moins aisées et notables des campagnes) est donc éminemment compétent pour juger si les principes domestiques, civils et politiques qui s'enseignent sont bons ou mauvais, et à redresser le *journalisme*, par exemple, s'il se trompait ou s'il voulait former un parti subversif.

Dans ce quartier de la capitale, comme partout dans la nation, mais bien mieux, parce qu'on y voit davantage, comme on vient de le dire, la société dans son ensemble, et qu'on vit plus dans la vie réelle, on remarque des diversités et des inégalités dans le corps social.

Qu'il y a en première ligne l'individualité chef de groupe ou le chef de famille, et le grand chef de famille, ou grand père ou roi, qui tient son pouvoir de celui des pères, et qui a un pouvoir absolument de même nature. Le père est chargé de l'établissement et du règne de la paix et du bien dans sa famille.

Le roi est chargé de la même chose dans la société, absolument (1).

Il y a des pouvoirs de chambres et de députations et de conseils. Mais ces autorités ne sont pas de même nature; elles se créent par époques et se renouvellent. Elles portent presque toutes sur des choses déterminées, tandis que le roi subsiste pour tout et toujours, comme manifestant la vie et sa continuité : *le roi est mort, vive le roi!* Il est chargé des choses spirituelles au degré supérieur, du soin d'une justice parfaite à rendre dans le royaume, de connaître la vertu et la probité, et de les faire ressortir pour les faire honorer; de reconnaître chez les hommes les ornements supérieurs : la décence, l'humilité intelligente, la dignité, les bonnes convenances, l'esprit d'amour, le courage, etc., tout cela comme haute observation et comme correctif sur l'action plus matérielle de sou gouvernement. Le roi, indépendamment de ses ministres, a des amis hommes de bien qui l'éclairent.

Toutes les autorités autres que le roi agissent par des textes qui les limitent. Le roi n'agit pas par lui-même, hors pour sauver l'*État* et en obtenir un bill d'indemnité, mais il *règne et observe.* Et au dernier terme pour les peines afflictives, il a le droit de *grâce.*

Le roi ne doit pas nommer à toutes les fonctions et emplois, mais seulement à ceux pour lesquels il est bien qu'il le fasse. Un certain nombre doivent être pourvus par le mode de choix à prendre sur des listes de noms à lui présentées au double par des catégories d'électeurs. Par exemple : 1° pour la formation d'un tribunal propre à juger les délits de *presse* (2); 2° pour le

(1) Le fait est évident, il n'y a rien de mystérieux ni de surnaturel dans le fait du père, il n'y a rien de particulièrement divin dans le fait de la royauté. Au delà de chaque famille, il y a l'intérêt de l'ensemble des familles dont les pères ont fait la délégation au roi. voilà tout. Le roi, comme pouvoir exécutif, ne peut donc pas s'arroger un pouvoir sans contrôle.

(2) Les délits de la *presse* présentant tous les jours des questions de doctrines et de tendances à juger, souvent infiniment générales et profondes, le juge de la magistrature ordinaire, instruit et formé pour prononcer d'après des textes morts, n'est pas *idoine*, ni le jury ordinaire non plus, pour décider sur ce genre de causes, où il y a tout à la fois à pro-

recrutement de toute la magistrature de la cour des comptes(1);
3° Pour un sénat ou *pairie* (mais vu la très-grande importance de
ce point, nous renvoyons à une note détaillée insérée à la page 19
et suivantes); d'autres, par le *sort*, à prendre sur des listes pa-
reilles. De manière que les citoyens arrivent aux emplois ou à la
désignation de notabilité par leurs pairs. Ce qui est un bien sous
plusieurs rapports, parce que, par ce mode, toutes les situations
méritantes dans la société sont mises en évidence, ce qui sert aux
citoyens pour leur considération, pour leurs rapports privés,.
pour le mariage de leurs enfants, etc.; ensuite, qu'entre les
égaux, l'élévation aux places se faisant par des sortes d'*avénements* à la manière de la nature, ceux que ces avénements n'ont
pas favorisés ne conçoivent pas les jalousies, les rivalités ou-
vertes ou sourdes qu'on les voit avoir et concevoir dans la
société contre leurs émules mieux placés par un choix d'homme,
rivalités qui font beaucoup de mal au corps social; en troi-
sième lieu, parce que la nomination *directe* à toutes les fonctions dans l'État par le roi, *rend le roi trop fort* (2), et que

téger et à défendre la société et le gouvernement, mais aussi l'esprit humain dans les droits de l'intelligence à concevoir et marcher.

Pour cela, un tribunal provenant du choix fait par le souverain, et composé
de douze ou dix-huit membres (pour former une section de première instance
et d'appel), mais pris sur une liste de vingt-quatre ou trente-six noms à lui
présentés par un collége électoral formé à Paris et composé de quatre ou six
mille électeurs, désignés : dans les départements, par le conseil général à dix
ou quinze électeurs par département, ce qui ferait mille à quinze cents électeurs, et pour tout le surplus, par les cinq classes de l'*Institut*, la cour de
cassation, la cour impériale, le conseil de l'instruction publique, le conseil d'État, l'état-major de l'armée et le notariat de Paris.

Le tribunal de la presse serait renouvelé tous les six ans, comme les lé-
gislatures. Les juges seraient des jurés juges, recevant une indemnité de
12 à 15,000 francs. Ils siégeraient à Paris ; tous les délits de presse, de
doctrines, s'y jugeraient; et comme l'action de la presse est formidable sur
la pensée publique, la loi devrait contenir des dispositions extrêmement
sévères de répression pour des cas, avec de fortes amendes en argent.

(1) Qui ne voit en effet que, pour ce recrutement, ce ne devrait pouvoir
être que par ce mode, au moyen d'un collége d'électeurs compétents à ce
formé? Car, faire comme on le fait par le mode présent, c'est livrer le contrôle des actes et de tout l'argent livré au gouvernement, à des hommes que
le pouvoir exécutif nomme et institue et pousse tous les jours en avancement, et qui ne peuvent que lui en avoir de la reconnaissance.

(2) Tout est équilibré dans la nature entre les éléments. Tout doit de

s'il a un mauvais système, de mauvaises tendances, etc., il peut maîtriser tout et perpétuer la mauvaise *pente*. Parce que ces fonctionnaires nommés par lui peuvent devenir autant de complices de lui-même contre la vérité et le bien; et puis enfin que, par là même que le roi est le *faîte* de la société et la source des honneurs, et qu'il attire à lui les capacités et les vertus, nombre d'influences moins bonnes tendent aussi fortement à s'y grouper, pour avoir de grandes places, de grandes positions, une grande influence. Ces situations poussent après à la création d'une foule de choses inutiles ou dangereuses, à de grandes armées permanentes, à l'entretien de grandes écoles où se fabriquent des officiers et des chefs, avec la garantie du grade. Les pères de famille en sont détournés pour l'éducation à donner à leurs enfants. Et au lieu de professions pour le travail et l'aisance, qui sont les seuls moyens de fonder des familles, ils font des officiers, des avocats, des avoués, des juges par centaines, etc. Et tout officier, etc., fabriqué, c'est un négociant, c'est un homme d'affaires supprimé. Ce qui montre qu'à côté de la royauté il faut d'autres grandes autorités, un corps traditionnel et pondérateur et un corps législatif puissants, qui contrôlent et brident. Ce n'est pas le roi qui est à contenir, c'est le bien qui est à faire sortir et les mauvaises influences qui sont à empêcher.

Nombre de peuples anciens l'avaient bien senti! et ils faisaient, pour des ordres de fonctions, ou désigner par le sort, ou présenter au moyen de listes de noms déjà choisis. La royauté est bien plus une grande *prêtrise* d'observation et de correction souveraine pour le bien, qu'une fonction d'action directe exclusive, qui, la faisant trop entrer dans l'élément passionnel de l'humanité, fait naître chez elle l'amour-propre pour soutenir ce qu'elle a fait (1); et puis, que la chose ouvre trop carrière pour exercer de mauvaises tendances, s'il y en

---

même être équilibré dans les institutions des peuples. Faute de quoi les institutions qui prédominent au delà du rôle qui leur appartient oppriment tout le surplus et font *boiter* tout l'ensemble.

(1) L'idée de Sieyès avait plus de vérité qu'on ne l'a remarqué, sur son *grand électeur*.

avait chez le roi ; et puis encore, que ce choix pour toutes les fonctions par un seul homme, dans l'État, empêche chez tous les autres l'exercice de la liberté et le talent pratique de savoir la conserver. Car quelques élections seulement pour quelques offices, et ne revenant qu'après de longs intervalles de temps, empêchent les citoyens d'acquérir la capacité politique.

Le roi, pour toutes les choses, a des récompenses à donner, par des compliments ou des doléances à faire porter, par des lettres à adresser, par des invitations et des signes d'attention. Le roi plane sur la société pour faire valoir ce qui est méritant, et les signes qu'il en donne sont des marques d'honneur pour ceux qui les obtiennent.

Le pouvoir législatif a une autorité à lui, il est inutile de la détailler longuement ici, elle est connue. Ce pouvoir est élu par le suffrage universel *hiérarchisé*, dans l'esprit de la loi de décembre 1790; mais pour sa nature et sa constitution, voir la note renvoyée à la page 24. Ce pouvoir est institué pour contrôler la marche et la politique du roi et de son gouvernement et l'administration, et pour faire la loi. Il le fallait bien ! car le roi créé pour gouverner un peuple, et étant homme, il pouvait, comme on vient de le dire, s'égarer ou s'endormir, si le peuple, duquel il émane, ne surveillait le grand corps de son administration, et ne le rappelait lui-même à son devoir par des délégués, s'il s'oubliait. Le pouvoir législatif vote ou refuse le budget (1). Mais ce vote qui paraît, dans le langage journalier de la presse, être son seul office, n'est, au contraire, que comme complément et but, pour se faire obéir dans ses observations et remontrances de contrôle : contrôle qui embrasse la *censure*, même sur le roi, et qu'avaient tous les peuples de l'an-

______

(1) On a dit que cette faculté est illusoire, parce que la Chambre ne va pas refuser le buget. Mais c'est là une malentente de la loi constitutionnelle, car le Corps législatif peut voter pour la dette publique, la magistrature, la gendarmerie, pour toute la partie même administrative du budget, et refuser pour la partie politique, qui ne pourrait se payer en prenant dessus, qu'en mettant tout le corps des fonctionnaires, comme la population, contre soi. Et puis, d'ailleurs, que la cour des comptes, instituée par le vrai mode, comme il a été dit plus haut, condamnerait à restituer ces agents politiques qui auraient pris sur les autres pour se payer.

tiquité sur leurs gouvernements et sur eux-mêmes (1). Sauf le mode de s'en servir dans une assemblée représentative, qui est par une commission *ad hoc*, nommée chaque année en comité secret, et qui est chargée de faire des observations ou des re-présentations, s'il y a lieu.

Le droit et l'office de *censure* n'existeraient pas, que le *régime représentatif*, qui est bien certainement un perfectionnement sur les gouvernements des peuples anciens, serait par le fait très-inférieur à ces gouvernements : car il n'y a que par la *censure* que les peuples peuvent *atteindre* et faire réprimer par leurs délégués des faits de mœurs ou de mauvais exemples, s'il y en avait, dans ceux qui les gouvernent, et qui peuvent leur causer beaucoup de mal et amener des révolutions.

III

L'homme dans la société n'est pas une unité mathématique, il est avec ses accessoires de parents, de position sociale, de fortune, d'influence, etc. Il n'a pas acquis ce qu'il a sans tra-vailler, ou ses pères pour lui. Les lois du pays le concernant avec sa famille, doivent donc respecter ce fait et ne pas le dé-truire. Dans les lois sur la transmission des biens par succes-sion et don, il pouvait y avoir plusieurs modes, la nature des choses montre des catégories. La loi devait les suivre. Les dispositions du code sur les successions pouvaient aller pour des existences et des situations urbaines. Et on voit, en effet, depuis soixante-quinze ans que la population de ville dans les classes qui la constituent n'a pas baissé en importance et en élévation, et qu'elle a au contraire grandi ; tandis que la population et les situations rurales ont baissé, baissé ! et ne présentent plus au-jourd'hui *qu'une immense population de manœuvres*, par la

______

(1) Le droit de contrôle emporte celui d'enquêtes à ouvrir sur les sujets que le Corps législatif a à éclairer.

nature révolutionnaire, émiettante, cassante et destructive qu'ont ces lois du code pour les situations de la campagne. Aucune élévation, en effet, ne peut s'y former, puisque dès qu'un père ou chef de famille, par un travail et des soins intelligents pendant vingt, trente ans, est parvenu à y former une position le moindrement aisée, à sa mort, les lois viennent la casser.

On a mis en avant pour justifier l'égalité de partage, que les enfants sont égaux dans l'esprit et le cœur de leurs parents. Mais c'est une fausseté : car si les parents aiment tous ceux qui sortent d'eux, il y a des différences dans l'affection et l'intérêt qu'ils portent à chacun. Les parents aiment et désirent que leurs enfants *soient et restent un* ; produits d'eux et liés en un groupe par la nature, sous la désignation de leur nom, ils désirent que cette chose se conserve. Pour cela, dans le règlement de leur fortune ils diront (si aucune loi irrationnelle ne vient les violenter) : qu'un *pécule* soit donné à un tel, en qui ils ont reconnu une tendance et de l'intelligence pour les affaires; une redevance en rente perpétuelle de tant à un autre ; qu'un tel se contente de l'instruction avec grades et de la carrière des emplois avec les protections que nous lui avons assurées. A un quatrième, accidenté et impotent, une rente viagère ; et l'établissement principal de la famille avec les terres aménagées, à celui de leurs fils en qui ils ont reconnu de l'intelligence et du caractère pour soutenir le nom et les traditions de la famille ou de la race, ou à une de leurs filles en qui ils ont reconnu ces qualités, et qu'ils auront presque toujours fait marier de leur vivant, en lui enjoignant quelquefois de garder leur nom.

L'égalité de partage et le partage en nature, mettant *de fait* une ou quelques parcelles de terre, un demi-hectare, un hectare, deux hectares, dans la main de chaque héritier, ces objets étant *réels* et *immobiles*, il va s'y attacher, se cramponner dessus : il s'y *acoquine!* et l'homme, souvent d'un esprit juste et ouvert, qui serait le plus propre au commerce, aux affaires, au négoce, à la colonisation, qui se remuait et entreprenait des affaires sous les anciennes coutumes, reste là fiché et va passer l'existence de toute sa vie dans une étendue microscopique en surface ! Et l'on peut dire que c'est la loi de l'égalité de partage qui a produit cela et rien autre chose. De ces choses que M. *Dupont-White* met en avant pour attribuer cela *au tempérament et caractère de la race française pour la centralisation!*

Tous ces cadets, garçons et filles, sous une autre loi, partagés en *pécules* ou *rentes*, c'est-à-dire dans les mains desquels des objets matériels et immobiles n'auraient pas été mis, mais des capitaux, se seraient livrés et se livreraient au négoce, à la colonisation, se déplaceraient. Les garçons s'en iraient de l'avant sonder les contrées et les pays, et selon ce qu'il verraient, appelleraient leurs *fiancées*, jeunes filles héritières comme eux de dots en argent ou rentes, et qui sont libres d'aller. Et alors des soldats, des officiers, des fonctionnaires envoyés ou portés aujourd'hui dans des colonies en projet, et qui y périssent d'ennui, n'y trouvant ni n'y voyant arriver personne, hommes ni femmes de leurs compatriotes, y seraient dans la santé et la gaité, et de belles colonies se formeraient qui seraient des débouchés pour la mère patrie.

On ne comprend donc pas comment des esprits élevés comme quelques économistes, ne sentent point que la succession urbaine, qui, à quelque degré d'opulence qu'elle appartienne, peut être recueillie sous le règne du code, sans que les héritiers la voient se diminuer d'un sou à leur préjudice, parce qu'elle consiste presque toujours, ou tout en mobilier, valeurs, objets et argent, parfaitement partageables, ou en mobilier et maisons que les héritiers occupent ou louent; tandis qu'une situation rurale, qui repose dans un ensemble de bâtiments, de dispositions, de clos, de terres, de formes topographiques et d'aménagements, etc., qui en font une personnalité pour famille ou de la famille, qui, brisée ou liquidée par la loi du partage forcé, n'est plus rien, et que la position de cet homme, qui était relevé et notable, ses enfants et héritiers perdent toute élévation de rang et de considération.

Si nous n'étions limité par l'étendue de cet écrit et le *timbre*, ce serait le cas d'établir ici qu'il est singulier que les économistes, qui montrent par leurs mœurs que de belles maisons, de beaux hôtels, dans les belles rues, de riches situations, ajoutent singulièrement à la considération des hommes et des familles dans la population bourgeoise, ils n'aperçoivent pas qu'il en est de même à la campagne, si la loi ne venait casser ou détruire les situations aussitôt que les chefs de familles rurales sont parvenus à en former.

La première chose donc à faire pour remédier à cela, la chose pressante, la société rurale manquant de son *faîte*, de son élément de *direction* et *d'initiative* (ce qui paralyse le corps social tout entier et expose aujourd'hui la nation), c'est de faire que la notabilité qui se forme dans les milieux ruraux puisse s'y conserver. Pour cela, d'établir ou rétablir immédiatement le droit de *tester*, avec deux ou trois dispositions accessoires : par exemple, 1° autoriser le père de famille à prendre officieusement du juge de paix des conseils sur les dispositions qu'il désirerait faire concernant ses enfants et héritiers, et le juge de paix lui-même à donner ses conseils officieux.

2° D'instituer dans les cantons des juges de paix *multiples*, commissionnés à vie par le souverain, sans appointements. Ces hommes, désignés par leur respectabilité et leur influence, formeraient de petites chambres de conseils, et ils pourraient même, pour les affaires locales, former de petites assises et de petites cours d'appel de canton. Dans tous les cas, les pères de famille, pour leurs dispositions, seraient autorisés à les consulter et eux à donner leurs conseils officieux. Ces dispositions accessoires seraient nécessaires aujourd'hui, parce que les pères, déroutés et rompus de leurs traditions depuis soixante-quinze ans, ne pourraient pas souvent sans de tels conseils désintéressés et compétents, arrêter avec sagesse et esprit de modération ce qu'ils voudraient faire touchant leurs enfants et héritiers, pour après eux.

(1) Par exemple, pour un sénat ou pairie. Mais ici, avant tout, il faut faire quelques courtes analyses, vu l'importance du point et son obscurité, sur ce qui est, sur l'état social, pour voir d'où sort la *pairie* et ce qu'elle est, avec le pouvoir législatif, qui sont deux corps *auxiliaires* de la royauté, dans le gouvernement de la société.

La *pairie* est un corps politique traditionnel et conservateur, mais vivant et progressif, à la différence des *sénats* ou assemblées de *vieillards*, qui, sortant de la royauté patriarcale, sont simplement stables, sans progrès ni esprit de perfectionnement.

Il y a deux sociétés et deux royautés : la royauté patriarcale et la royauté barbare. La royauté barbare sort de la race caucasique ou européenne, et la royauté patriarcale de la race sémitique ou mosaïque.

La royauté barbare porte en elle, dès son origine, *les deux pouvoirs* de *pairie* et de *pouvoir législatif*, et qui en sortiront naturellement le jour où cette royauté aura à se développer et à s'étendre, parce que la société sur laquelle elle règne viendra elle-même à s'étendre par les forces de lumières et économiques de toutes sortes qui sont en germe dans son sein. Ce qui arrive dans le moyen âge d'une manière plus particulière et plus prompte en Angleterre ; et puis en France, à partir de Hugues Capet et de Louis le Jeune, où les *pairs* se trouvent déjà être au nombre de douze.

Le pouvoir traditionnel conservateur et vivant de la pairie, avec le pouvoir législatif, d'action et de contrôle, font corps avec la royauté. Et les trois ensemble composent socialement ce que l'on appelle la monarchie représentative. Ils y forment le *cadre* de gouvernement ; cadre sur lequel, quand une dynastie tombe, la dynastie suivante peut bien broder, mais ne peut pas innover.

L'un des trois éléments n'est pas plus ni moins sacré que les deux autres : ils sont tous les trois au même titre. Sauf que dans un moment de péril social, la royauté est davantage dans le devoir de sauver la chose publique.

Si l'enseignement et le langage ordinaire étaient ce qu'ils devraient être touchant ces graves choses, les deux éléments sociaux et de gouvernement : pairie et pouvoir législatif en question, étant nécessaires comme la royauté, particulièrement celui traditionnel et de reliement de la pairie, on n'aurait pas vu, ce qui est arrivé, ce pouvoir si important et si de salut *périr* dans toutes les grandes crises sociales, depuis et compris celle de 89, où l'unité pouvoir ou la royauté, survivait ou resurgissait toujours sous une forme ou sous une autre, mais pour sauver seulement la société dans sa vie matérielle et la laissant périr dans toute sa vie intellectuelle et morale. La chose du périssement de la pairie, venait de ce que son existence consistant dans un ensemble de situations, d'influences, d'honorabilités et de reliements, *les attentats multipliés des juristes* contre les lois et les règles sociales sur la transmission des biens par succession et donation, l'avaient dissoute. Voilà le malheur.

Il faut voir aujourd'hui d'une manière précise et pénétrante ce que peut être un sénat, ou plutôt la pairie, la pairie étant dans les traditions de la France depuis plus de huit cents ans, à l'exclusion des sénats, qui n'y sont point, ou du moins qué d'une manière artificielle et en l'air. Voyons la société présente:

La pairie est une institution spéciale et très-haute et nécessaire ; elle exprime la famille, le père, le chef de maison, le domicile, la résidence ; elle exprime l'autorité, la propriété, la religion, les mœurs, l'ordre et la conservation ; elle exprime la continuité, la suite, la tradition et la tradition historique. Par tous ces côtés la *pairie* participe de plusieurs des attributs de la royauté, mais elle est d'un autre ordre. Elle ne se recrute pas par des désignations personnelles, *directes*, de la royauté, au moins pour une partie, mais par le moyen de *listes* de noms présentés en double au roi, par une catégorie d'*électeurs* : les chefs de famille et de maison et les fils aînés de veuves en âge d'homme. Et cela parce qu'il faut que le *pair* soit fait par sa valeur personnelle, son honorabilité et son influence sociale, choses que des électeurs spéciaux ou idoines peuvent seuls connaître et apprécier, et parce que le contraire pourrait conduire à faire composer un corps politique inamovible qui n'exprimerait ou ne refléterait plus le pays (1).

Les dignités de la pairie doivent être héréditaires pour un nombre d'entre elles, comme les deux tiers, par exemple.

L'autre tiers est à la nomination du roi et à vie. Le roi y élève des jurisconsultes et des magistrats en renom de vertu et de sciences, des généraux, des fonctionnaires éprouvés, des hommes d'un grand savoir, des vertus marquantes, etc.

Ces derniers siéges sont non héréditaires par plusieurs motifs : d'abord parce qu'il ne faut pas que toute la pairie soit héréditaire ; ceux-là seuls le sont, que les électeurs ont choisis parmi les familles fermes, fortes au moral et au physique, honorables, intelligentes et bienveillantes et d'exemple, et qu'ils ont vues se perpétuer par des descendants de même valeur, ce qui n'est pas d'individualités de talent, qui ne sont souvent que des exceptions heureuses de famille.

---

(1) Si les pairs sont nommés par le roi en Angleterre, cela vient de ce que les actes de la royauté, en Angleterre, sont bien plus sociaux et dans le sens de l'opinion qu'ils ne le seraient en France.

En deuxième lieu, parce qu'il faut qu'un ordre politique présente de grandes et hautes positions d'honneur et de dignités à donner, pour satisfaire à toutes les aspirations.

En examinant et pénétrant ce théâtre varié, vivant et mouvant, qui forme la société, on voit que tout s'y tient et y est lié ; qu'il y a une foule de choses infimes, mais tenant à d'autres plus considérables et plus persistantes ; celles-ci liées et dépendantes de plus grandes qui reçoivent elles-mêmes concours et appui des premières.

Que si le père et le grand-père maintiennent et gouvernent leur famille ou race, des influences plus hautes et plus larges relient aux contacts et dans les voisinages les familles en faisceau, et qu'une grande influence et action de plus loin, le roi, relie le tout. Que dès lors la dignité de la pairie est une autorité plus sociale que politique, qui agit *autour d'elle par influence;* que le roi gouverne l'ensemble par en haut et de haut, et le pair de France par l'exemple de famille et de résidence *sur la surface;* et qu'un pays présentant des *régions* physiques et morales variées et diverses, la chambre des pairs (le mot *chambre* pour faire entendre que là où siége le pair, c'est une famille et la famille qui y est présente) doit porter en elle des *sections,* autant de sections que des titulaires dans son sein, relèvent et expriment à la société civile et à l'assemblée pairienne par leurs domiciles et leurs demeures.

Que la pairie et la députation législative doivent être *gratuites,* si la chose est possible, sinon dès que cela se peut (1); parce que pour ces fonctions, le désintéressement, la fermeté et l'indépendance qui sont les traits qui les constituent, une rétribution, sous quelque nom qu'on la déguise, les affaiblit, les ternit et les annule presque tout à fait.

En effet, l'élément dans la société, dans le corps social, qui est à exprimer et représenter, comme on l'a dit, par la pairie, c'est une influence de *surface,* plus qu'une fonction active de-

---

(1) En rétablissant au plutôt par le droit de *tester*, des situations territoriales qui permettent aux titulaires la gratuité, situations qui se reproduiront d'ailleurs très-vite (dès que l'Empereur, bien éclairé et aidé, voudra transformer et agrandir le Sénat en Pairie), par la forte tendance des filles et familles à *dot*, à rechercher des fils héritiers de pairies. Mais la gratuité nécessaire ne s'entend que pour les pairies héréditaires, car pour les autres, toutes ou presque toutes occupées par d'anciens grands fonctionnaires, ces derniers continuent de recevoir pendant toute leur vie un chiffre commun de dotation, comme de 30, 35,000 francs, par exemple.

mandant des appointements, et qui vient à la suite du chef de maison par en haut, pour former chaîne vers l'unité du pouvoir, une influence qui s'exerce sur les familles au siége de leurs situations et dans l'ordre de leurs occupations, un élément social d'exemple et très-relevé, puisqu'il a à revoir sur la politique et jusque sur la conduite et les mœurs du souverain, pour la contrôler, la contenir ou l'aider et l'éclairer, selon les cas. Et cette situation aristocratique d'influence lui vient à elle de sa conduite et de ses vertus.

Cette position sociale, qui est précieuse pour le progrès et le mouvement, comme pour la conservation, l'État, pour sa constitution, ne doit pas manquer de s'en emparer pour la tourner à son bien. Et elle serait perdue ou n'aurait pas existé, cette situation, si les populations voyaient qu'elle est due à des places, à des fonctions plus ou moins appointées sur les deniers de l'État, qui sont fournis par tous.

L'influence d'exemple, l'autorité de contrôle sur le Pouvoir exécutif sont à ce prix! Parce que, par des appointements ou indemnités, la pairie et la députation législative perdent une partie de leur considération dans l'esprit des populations, et tombent par là sans force sous la prise du pouvoir exécutif, qui, par les emplois et les faveurs, au moyen d'un grand budget, arrive à en faire ce qu'il veut. Et même, par cette corruption du gouvernement représentatif, on voit quelquefois les trois pouvoirs s'entendre, ce qui n'est plus qu'un jeu joué de gouvernement. Tandis que par une représentation traditionnelle et législative non *rétribuée*, le pouvoir de contrôle de celles-ci est *formidable!* et peut toujours faire couper court à tout mauvais esprit, comme la nature humaine est capable d'en concevoir et vouloir, si elle n'est pas bridée! La royauté ayant et devant avoir la nomination de tous les généraux et officiers de l'armée, et celle des préfets, ces deux corps, dans l'action publique, mettent dans la main du roi toute la force matérielle et une grande partie de la force intellectuelle et morale ; *il faut des contre-poids pour balancer.* Et il n'y a que quelques grandes magistratures et quelques hautes positions dans l'enseignement pour cela, avec les deux grands pouvoirs de contrôle et d'appui, pairie et corps législatif.

Mais en dehors de ces sûretés prises par une constitution de pays, attendre la liberté, l'équité et la stabilité, c'est se payer de mots ; l'attendre surtout d'ordre de choses qui enlève au père et maître tout droit de disposer de ses biens et qui met toutes les familles dans une situation précaire, pour permettre seulement les situations d'argent et urbaines, qui sont oligarchiques, dans des pays où tout le monde est appointé ou mis dans la nécessité de l'être, s'il veut s'occuper du moindre intérêt public ; attendre, disons-nous, la liberté et la vérité dans ces pays, c'est une pure chimère ! et il n'y a pas d'autre remède que de permettre qu'il s'y refasse promptement des situations indépendantes, par le droit de *tester* !

(2) Le *député-législatif*, par rapport au *pair*, est comme le fils aîné homme fait dans la famille et dans la maison, par rapport au père. Le père est chargé de la direction supérieure de ses affaires, de relier les idées et les actes dans sa maison, de veiller aux intérêts moraux, de mœurs et de respect et de considération des siens, et de suivre et faire suivre les traditions de ses pères.

Le fils âgé est chargé de la conduite des choses journalières, du soin des choses du moment, de travailler, faire travailler, et de voir si on travaille et si on le fait bien, de faire produire, vendre et acheter et de régler et de surveiller pour cela, en se rendant compte. Sa mère est la caissière.

Or le *député* et le *pair* dans l'État, c'est le fils âgé et le père dans la famille.

Les deux éléments sociaux étant dans chaque maison, additionnés par le nombre des familles dans la nation, et portés au centre près du gouvernement, ils y forment un grand intérêt et deux pouvoirs de contrôle, d'aide et de conseil pour le roi et son gouvernement, et indispensables pour la marche de la chose publique, comme ils le sont pour la marche de la famille, puisque le gouvernement de la nation ce n'est que celui de la famille multipliée par le nombre des groupes dans l'État.

Or ces deux pouvoirs politiques, expression même de la nature des choses, on peut voir si c'est cela que l'on retrouve dans les constitutions et les jurisprudences politiques d'État que l'on a produites depuis soixante-quinze ans en France ! Il n'est donc pas étonnant que tout y boite et ne marche que par tiraillements successifs et de plus en plus. Est-ce qu'il est possible d'empêcher tous les hommes d'une nation de se marier avant vingt-neuf ans, et de les transporter en masses dans les villes, à y vivre dans le célibat et à s'y dénaturer, lorsque dans la zone climatérique de cette nation, l'homme y est partout adulte à seize et dix-huit ans !

On disait sous la Restauration : la France est *centre gauche*, c'est-à-dire conservatrice, progressive, pour les travaux et la paix.

Aujourd'hui on doit dire : la France est *gauloise-franque* et non *gauloise-ligure*. Le fait est extrêmement important à remarquer. Car comme il y a deux grands éléments de vie dans ce pays, qui se fondent ensemble quand la pensée générale n'a pas été troublée : l'un, qui rayonne autour de Toulouse et par Montpellier, sur Toulon, etc., et l'autre dans la ligne de Clermont, Bourges, Paris, Chartres, et qui est l'axe de la *Gaule franque*. Pour peu que des tendances chez des hommes très-influents se fissent sentir, la politique s'en irait dans les traditions de Rome, sur le Var et Gênes, et laisserait Clermont, Bourges, Paris, Chartres, qui sont le résumé pourtant, l'âme et la vie de la Gaule entière, aujourd'hui comme au temps de César. Car *Vercingétorix*, Arverne d'origine, ne fut élu général en chef des Gaulois, que parce qu'il sentait et représentait mieux que tous les sentiments et les intérêts de la Gaule totale, et Bourges-Gergovie-Alèse, ne furent choisies pour théâtre de la suprême lutte que parce qu'ils étaient le cœur géographique et d'action de la Gaule entière, la pensée théorique venant de par Paris et Chartres.

Aux temps de César la zone géographique de démarcation entre les Germains et les Gaulois, avec deux *teintes*, l'une plutôt germaine et l'autre plutôt gauloise, était la même qu'aujourd'hui entre les Allemands et les Français. Les Belges étaient Gaulois, et les Bataves ou Hollandais plutôt Germains ; les Trévires plutôt Germains, et les Remes et Lorrains plutôt Gaulois. Jusqu'à l'Alsace, par les Sequanes touchant les Helvètes, et les Eduens, qui étaient entièrement Gaulois, était gauloise en partie. Alors comme aujourd'hui un simple *dièze* ethnologique géographique séparait les deux tribus et en faisait des peuples pour la paix, quand l'esprit de guerroiement et de cassement des mœurs de Rome ne venait pas les mettre en guerre.

Alors aussi un autre simple *dièze* séparait les Bretons des Gaulois, et tous les trois peuples étaient constitués par la nature pour la paix : sans la mauvaise main de Rome !

Mais faites sauter Toulouse et ses milieux par-dessus toute la Gaule, et mettez-les en contact avec les Bretons et les Trévires, et vous avez à l'instant des luttes sans fin !

Ce sont des méprises de cette nature qui feraient tomber un pays dans le *militarisme*, dans les conscriptions, les grandes armées permanentes, dévorant tous les fruits du travail et l'avenir par des emprunts, et détournant les hommes des travaux, et allant même jusqu'à les empêcher de se reproduire par une vie de célibat qui leur serait imposée! Des guerres et des expéditions à l'extérieur seraient rêvées et aspirées tous les deux ou trois ans, par 25–30,000 officiers, s'ennuyant sans mouvement ni avancement dans des garnisons. Contre les sentiments de la *Gaule franque*, qui sont pour la défense et la garantie de la souveraineté du pays, mais dans la nation et à l'intérieur de ses frontières; et pour tout après, pour les travaux et l'aisance qui sont les seuls moyens d'avoir des hommes robustes et de fonder des familles!

28 avril 1867.

Ayant eu occasion, depuis quelque temps, d'adresser plusieurs lettres à divers écrivains importants de la presse périodique pour relever des doctrines émises par eux, nous croyons que le contenu de ces lettres serait de quelque utilité à connaître. Nous les donnons ici plus bas (1).

Paris, 30 août 1866.

A M. Scherer, rédacteur du journal LE TEMPS.

Deux mots sur son article dans le numéro du 26 août.

Le vote du budget est bien sans doute « la clef du régime constitutionnel », une règle qui lie le gouvernement et l'empêche de passer outre, mais cela sous-entendu que la Chambre reflète l'opinion du pays. Car si la Chambre ne représente pas bien cette opinion sur des points capitaux de vie publique et de marche pour une nation, il est certain que le pouvoir exécutif, que le roi, pour entrer ici dans le fait de la réponse de Guillaume à sa Chambre prussienne, a dû répondre comme il l'a fait.

Il y a, monsieur, sur un grand nombre de points en politique, à peser et examiner les faits complexes qui constituent la vie sociale, avant de les poser comme principes de raisonnement. — Quand un peuple est préparé par un long exercice de la liberté à la pratique constitutionnelle, il sait manifester l'opinion par le vote de nomination de la Chambre. Et la Chambre, dans ce cas, qui refuserait le budget, *maîtrise* le pouvoir exécutif, qui ne peut passer outre pour quelque raison que ce soit. Mais si, par une longue absence de toute liberté, il n'y a pas d'opinion publique, ou si, par ignorance et incapacité de l'électeur, celui-ci ne sait pas manifester cette opinion par de bons mandataires, les députés pourront dans de certains

------

(1) Les personnes à qui ces lettres ont été adressées ne nous ayant pas répondu, nous ne sommes pas lié à leur égard et pouvons en disposer.

cas, sur des points vitaux, refuser le budget au roi, qui sera obligé de passer outre et de n'en tenir compte. Ces cas seront rares, mais ils pourront se présenter où une dissolution et la nomination d'une nouvelle Chambre ne remédieraient à rien, parce que l'électeur incapable ou le mauvais mode électoral renverrait la même Chambre ou des députés du même esprit. Le système électoral en Prusse paraît vicieux, parce qu'il ne fait manifester qu'un esprit urbain bourgeois plus littéraire que pratique. De là l'approbation et l'appui que l'esprit du pays et rural ont constamment donné à la couronne prussienne contre les déterminations de la Chambre. Celle-ci, en refusant toutes dépenses pour l'armée, voulait la réduire presque à rien. Et il n'y avait et il n'y a encore présentement que la force militaire qui pût vaincre des résistances et mettre à la raison une foule de petites dynasties qui n'étaient que des foyers d'égoïsme de famille et d'un particularisme exagéré. D'un particularisme qui annulait la race allemande qui est au centre de l'Europe, et qui a bien le droit d'être quelque chose chez elle et dans le monde de l'Occident, sans que cela doive déplaire à personne, et à nous Gaulois surtout, qui fûmes toujours bien avec elle, quand l'esprit romain, anarchique et tyrannique césarien, ne vint pas nous brouiller, nous émietter et désorganiser.

Reprenez, monsieur, tous les jours ces excellentes idées qui formaient le fond de votre article du 17 juillet dernier sur la liberté. J'aurais bien voulu répondre à M. *Nefftzer* (d'un département éloigné) contre quelques-unes des propositions contenues dans son long article du 22 août, « sur ce que « cette manifestation des races (l'unité allemande) nous reconduirait tout « juste à la barbarie, » pour lui représenter qu'il doit voir que la nature, qui est une grande harmonie, a mis partout des *nuances* entre les *foyers* pour servir de transition. Et que les *foyers*, en ethnologie, qui sont le *cœur* des races, demandent que les capitales y soient placées. Berlin est trop au nord, et l'unité allemande ne pourra pas s'y faire. C'est au centre de la Souabe, Thuringe, Saxe-Weimar, Meiningen-Gotha, etc., qu'est le cœur de la race germanique, et pour la plus grande capacité de l'homme et pour les inclinations.

C'étaient ces faits qui avaient produit les Empereurs de la maison de Souabe, si remarquables par leur capacité politique et sociale.

Agréez.

Paris, 3 septembre 1866.

A monsieur *Scherer*.

Ce que vous dites, monsieur, dans *le Temps* d'hier est vrai, mais seulement en partie; beaucoup de vos expressions ont bien trop d'absolu. Ce constitutionalisme souverain ne porte pas assez en lui le *respect* que l'âme humaine veut trouver dans l'autorité souveraine pour obéir, et qu'elle ne voit et ne sent que dans l'autorité *imposée*, à origine antérieure et supérieure : celle du père de famille et du roi, que l'enfant et le citoyen ont trouvée existante en naissant et qui vient de Dieu.

Nulle part on ne voit cet absolu du pouvoir *élu* qui fait le fond de votre article, monsieur, et qui « *serait le progrès moderne que la réponse du roi de Prusse viendrait précisément remettre en question.* » Car en examinant bien les institutions et les faits en Angleterre, on voit que tout y est hérissé d'*attaches* qui montrent que l'administration et la conduite des affaires et de la société dans les comtés et à la capitale, ce n'est en définitive que la reine qui *règne* et *inspire*. Et que si chaque député n'avait pas en lui dans l'autorité qui le revêt en arrivant au Parlement une parcelle d'*essence* de la reine, à lui donnée au moyen des délégués directs de cette dernière dans les comtés, qui ont présidé et fait respecter les formes voulues dans son élection, il ne recevrait pas le respect de la population.

Il serait temps, il semble, de réviser de certaines idées qui ne sont point sociales, mais de distinctions et d'abstractions, qui ne sont point d'ensemble comme le corps social en forme un, et qui pourraient bien n'être que des passions : par exemple, de ne pas reconnaître dans toute société hors de la barbarie l'existence et la légitimité de trois *nuances* qui se trouvent la composer et constituer, et qui sont : une nuance supérieure ou mère, une nuance moyenne ou seconde, et une nuance inférieure ou peuple, et de vouloir élever et faire élever quiconque de cette dernière classe au niveau des deux autres, et pour cela de mettre l'*élection* comme le fait exclusif et fondamental de toute autorité dans la société. Cette doctrine est erronée, en ce qu'elle détruit tout *le divin* qui est le fond spirituel et intellectuel même de tout dans la nature. Et on voit alors l'*électeur* qui fait l'*élu* traiter bientôt assez *lestement* (1) celui-ci, ce qui est conséquent puisque le premier est son ouvrage ; et de fil en aiguille, l'autorité n'ayant pas d'autre fondement que l'élection, on voit le fils en faire autant avec son père et le serviteur avec son maître ou patron. Et puis des écrivains ignorants ou corrompus et des démocrates de *palais*, tous recherchant la popularité, font enlever au père par des lois toute autorité sur ses choses et sur ses enfants, et au maître sur ses serviteurs. Alors ceux-ci, moins unis à leur maître, dont ils ne sont pas du sang, que le fils à son père, se liguent d'un même esprit sur toute la surface du pays pour enlever le gouvernement de la société dans un coup de main ; et s'ils voient qu'ils ne peuvent pas parce qu'elle est bien gardée, ils travaillent à la *miner* et faire crouler par le *détail*, en demandant et exigeant tous les jours de nouvelles augmentations de gages et de salaires et dans les prétentions pour le manger, contre des pères et des maîtres affaiblis et désarmés par des lois antisociales, qui ne peuvent plus maintenir l'*équilibre* entre des rapports pondérés et nécessaires, mais *rompus*, de la société !

Les réponses du roi de Prusse aux députations qui lui viennent sont donc justes et légitimes, et ses idées de *royauté*, dans le moment présent, sont précisément le *divin!* qui manque trop dans d'autres contrées, et que la population, que toutes les classes à Londres, comme la presque unanimité des députés prussiens, ont le bon esprit de trouver juste, leurs *précédents* au *nationalverein* n'ayant jamais été un *démocratisme désorganisateur* de la nature !

Ce *démocratisme*, paré sous des phrases, que *le Temps* se fait ou se laisse adresser de Londres et de Heidelberg, est à repousser de la manière la

---

(1) Voir aux États-Unis les électeurs au regard de leur Président ou chef de l'État. Et puis cette soif dévorante d'ambition chez chacun d'eux, de devenir Président soi-même ! surtout dans la classe ouvrière, qui font de cette forme de gouvernement *un État violent.* État qui nourrit chez tous, d'un autre côté, un esprit raide et ombrageux d'*égalité*, particulièrement chez les médiocrités et les impuissants, qui fait que voulant figurer comme les autres, maintient la foule dans un luxe indécent qui conduit tous les six ou huit ans à des faillites sans nombre et à une crise *économique!*

plus forte, et pour ma part je déplore celle avec laquelle M. *Nefftzer* envisage les événements présents : esprit qui ne sert et ne servira qu'à tendre de plus en plus la situation en France et tout le mouvement des idées en Europe (en excitant les rivalités et les amours-propres), et à nuire considérablement aux affaires et aux travaux de la paix. La nature a tout harmonisé : elle est connue aujourd'hui, et le roi de Prusse pas plus que *ses hobereaux*, si hobereaux il a, ne pourront rien établir de *factice* contre elle.

Veuillez agréer.

Paris, 11 octobre 1866.

Lettre à M. Prevost-Paradol, membre de l'Académie française, rédacteur des Débats, *sur son article dans le journal, numéro du 6 courant, contre le Président des États-Unis, M. Johnson, pour un prétendu revirement des idées démocratiques et radicales qu'il aurait eues d'abord, pour des idées tout opposées qu'il aurait aujourd'hui.*

Il y a trente-cinq et bientôt quarante ans, quand deux hommes célèbres de l'Académie des sciences se prirent de discussion sur deux façons de concevoir, de voir et de sentir sur l'*Être* et sur sa nature et sur ses productions, qui formaient leur sentiment respectivement, plusieurs parmi les esprits d'élite qui purent suivre ce grand, cet auguste débat, sentirent tout aussitôt que du fond de cette question *ontologique* sortait la politique du gouvernement des hommes et des choses sur la terre.

L'un prétendait que Dieu, ou le principe de tout, avait d'abord produit un nombre plus ou moins grand d'êtres ayant vie, et plus ou moins organisés, et puis que par des dérivations successives de ces êtres, mais en montant et en perfectionnant, il avait produit tous les autres, jusqu'aux mieux organisés et plus parfaits, comme l'homme aujourd'hui par exemple.

En sorte que du végétal il avait fait le polype, du poisson le quadrupède, du singe l'homme : que l'homme était un singe perfectionné.

L'autre répondit avec raison, au contraire, que Dieu avait produit d'abord des êtres, et puis d'autres êtres, et puis d'autres encore, etc., mais qu'il les avait tous faits distincts, séparés, finis et parfaitement individuels et *sui generis*.

Que ce système des émanations et dérivations et ébauches d'êtres pour en produire de plus parfaits après, ferait supposer Dieu comme un malheureux ouvrier et artiste qui s'essaye et puis qui ramasse et serre avec soin ses modèles, pour y avoir recours plus tard et pouvoir, en variant et brodant sur eux, produire de nouvelles œuvres. Tandis qu'au contraire, Dieu, omnipotent et omniscient, est aussi capable et aussi fécond le jour que la veille, et l'anté-veille qu'aujourd'hui. Que les êtres, que la nature étaient là pour montrer que ces idées de nature plastique et ouvrière n'étaient qu'un faux, qu'un mauvais système panthéistique, faisant du monde physique Dieu, et niant l'*Esprit*, qui lui est antérieur et supérieur.

Dans ce système, en effet, les individus n'ont pas de liberté, ils sont ce qu'ils sont fatalement. S'ils sont voleurs ou honnêtes, c'est que la nature a contourné leur *crâne* d'une manière ou d'une autre. La peine de mort est à abolir ; l'assassin, le brigand est un malheureux qui ne mérite que l'hopital (1).

Et, dans l'ordre moral, les familles, les groupes, qui sont aussi des personnalités collectives, mais distinctes des autres groupes et des individus qui composent ceux-ci, que ces familles et individualités disparaissent pour faire place à *un tout humain fraternel*, dans lequel les individus sont *liés* dans une *solidarité oppressive*, qui fait qu'ils ne s'appartiennent pas, mais à la *collectivité tyrannique*, pour la servir. (Voir Lettre de M. Louis Blanc au *Temps* du 5 courant, développant encore son *communisme-démagogisme* du Luxembourg en 1848.

Les choses et les êtres dans la nature y sont en *séries*, et dans les séries ils se tiennent par des affinités qui sont différentes et inégales de celles qui relient dans des séries et groupes autres : et tellement inégales même, quelquefois, que ces affinités sont des forces négatives ou de repoussement.

Tout dans le monde est placé et disposé pour former des concordances, un arrangement. Les genres et les espèces y embrassent les races, les tribus et les familles et forment avec les contrées qui leur servent de poses des harmonies. Les familles constituent bien sans doute des groupes qui ont chacun un foyer et le père est bien le coryphée du groupe, qui a pour choristes ses enfants. Les enfants d'un groupe ne sont pas ceux d'un autre, et l'affinité ou l'amour du père ou coryphée pour les siens est plus grand que celui qu'il a et doit avoir pour ceux qui ne sont pas de lui.

On voit dans la nature que les choses saillantes sont espacées et reliées entre elles par des *nuances* et des *teintes* pour former des accords. Des *hiatus* ne se remarquent nulle part, à moins que la chose ou les choses ne proviennent d'une action anormale de l'homme.

Le monde est une musique *concrète*, œuvre de l'*esprit*, qui est le musicien *ineffable*. Or dans la musique il y a les *modes*, à l'instar des *voix* des êtres et pour les exprimer, et qui peuvent être dans un nombre sans limite, et l'*octave* ou *gamme*, avec ses tons et demi-tons, variés et inégaux pour leur étendue, qui vient exprimer, manifester les êtres par leurs accidents, leurs formes, leurs caractères. Car la *musique* est de l'ordre physique, à la différence de la *mathématique* qui est de l'ordre intellectuel.

A l'audition d'une musique le spectateur dit : Voilà des sons nobles et élevés. Voilà des sons gais et agréables. Voilà des sons tristes et affligeants. Voilà des sons bas et vils, voilà des sons ennuyeux et monotones, etc. Or toutes ces choses expriment ce qui est. Si le spectateur voyait ainsi la nature défilant dans la salle devant lui, comme les sons y défilent, il prononcerait de même sur les choses et les êtres qui la constituent !

L'homme *vendant* ou *achetant* l'homme, voila un *hiatus* ! L'âme humaine se révolte à l'idée de faire de l'homme *une bête*. Mais hors de là (dans cet ordre de faits) l'âme s'arrête et ne sent plus rien de repoussant, de répugnant même (car c'est le contraire que sent la raison), pour l'idée d'une *inégalité* entre des races, car l'esprit est certain et la nature elle-même montre que cette inégalité existe.

La question engagée dans la guerre d'Amérique n'a pas dépassé ce fait: *l'abolition de l'esclavage.*

Elle ne fut pas même posée, la question: ce fut de la sécession seule qu'il s'agit d'abord contre les Etats du Sud, et que posèrent les États du Nord

(1) Il y a une multitude de niais, même des hommes d'État, à l'heure présente, qui sont pour l'abolition de la peine de mort !

en formant de suite des armées pour la combattre et rétablir l'union avec l'esclavage.

Ce ne fut que plus tard, durant la lutte, et pour affaiblir le Sud, que le président et le congrès proclamèrent, d'abord avec timidé et réserve, l'abolition dans un État sécessioniste voisin de la capitale. Après, le Nord ayant remporté des victoires, l'âme humaine, qui avait soif de l'abolition entière, donna l'opinion pour la faire prononcer (comme en Prusse, où on ne demandait d'abord qu'une ébauche d'unité en Allemagne, après la bataille de Sadowa on la demanda et voulut tout entière.

En Amérique, l'abolition de l'esclavage a été prononcée. Le nègre aujourd'hui est libre, il s'appartient. Mais voilà tout. La pensée humaine, la raison (qui n'avait pas posé la question de *l'égalité des races*, et qui ne la posera jamais dans aucune grande humanité de la terre!) n'admet pas l'égalité des races, pas plus qu'elle n'admet une identité de couleur et de caractère chez elles. Une égalité entre les races, et même, dans les grandes races, entre les grandes nuances qui vivent et agissent autour d'elles, serait l'*hiatus* moral et politique le plus grand, le plus monstrueux, qui viendrait casser l'ordre, l'arrangement, la musique mondale et humaine. Et le chef d'État ou comité de couthoniens robespierriens qui se la permettrait enfanterait, et enfantera, si les suggestions et les encouragements on ne peut plus graves que vous donnez, monsieur, aux radicaux égalitaires des États-Unis prenaient corps, la plus vaste et la plus impie guerre qui se soit vue sur la terre! mais guerre dans laquelle, en résultat, tous ses fauteurs périraient!

Ce n'est pas ici la place, et je n'ai pas d'ailleurs le temps, d'observer et de reconnaître combien ce sera malheureux pour de pauvres nègres, déclarés maîtres d'eux-mêmes, mais devant pourvoir à leur vie, qui seront peut-être bien malhabiles à stipuler et défendre leurs intérêts, dans des rapports sociaux savants de la race caucasique avec laquelle ils ne font pas *accord*. Mais pour cela les planteurs et la charité dans tous les États feront sans doute.

Mais pour le fond, c'est un malheur comme il y en a beaucoup sur la terre. Ces nègres se disperseront et se retireront graduellement dans les contrées plus chaudes du monde. La cause en est venue du catholicisme, pat l'esprit *de ses Écritures* (1), qui imprégnait encore si exclusivement malheureusement l'âme humaine aux xvi" et xviie siècles pour inspirer la traite.

Les nègres, dans les États du Sud, ne peuvent pas avoir les droits politiques comme les blancs. S'ils les avaient, ils feraient opprimer ceux-ci par les lois et les mesures touchant le Sud.

En effet, dans les grandes élections pour le Congrès et pour les parlements d'États, autres que pour les intérêts municipaux où la population noire peut être admise à voter, si les nègres étaient admis, les candidats qui passeraient seraient presque toujours ceux qui les flatteraient, qui leur promettraient mille choses contre les blancs, leurs anciens maîtres et leurs ennemis, leur dirait-on, des radicaux ignorants, des négrolâtres, des démagogues, des hommes vicieux, qui, dans le congrès, venant en appoint aux représentants des radicaux du Nord, et puis pour le choix de la présidence, opprimeraient le Sud.

Vous ne craignez pas, monsieur, de conseiller à ceux qui attaquent

(1) Qui est un esprit *arabe* et de *rapt*.

M. Johnson, de *profiter du moment*, et, en reconstituant définitivement, dites vous, l'union, d'*inscrire* dans la constitution fédérale (en attentant pour cela au droit qu'a chaque État de se constituer et déterminer les conditions d'admission aux droits de citoyen), l'*interdiction de tenir compte dans ses lois particulières d'aucune distinction fondée sur la race et la couleur.* De façon que pour le parlement et le choix du président de la République le vote du nègre, de l'homme de tribu à moitié ou peut-être sauvage ou barbare, du centre de l'Afrique, aura le même poids que le vote du blanc, du planteur, de l'homme qui sait créer, produire et organiser, qui sait mesurer les espaces des cieux et observer la nature et la connaître, auprès du nègre qui n'a le plus souvent pour valeur d'esprit qu'un instinct qui le rapproche de la bête !

Ces conseils, monsieur, de votre part, sont graves. L'entraînement de la composition, un talent d'élite pour écrire et bien parler. Mais si la langue est faite pour exprimer des idées, il y a deux genres d'idées : celles que notre esprit peut tirer de toutes choses par des *quintessences*, et qui ne sont presque toujours que des *entités rationnelles idéologiques*, et celles que nous prenons dans les choses et de la connaissance des choses. Les nations sont dans la nature et font partie de la nature. Or, aujourd'hui comme à toutes les époques, celui là est un vrai homme d'État qui est un physiologiste anthropologiste philsosphe, ou qui l'est le plus, c'est-à-dire qui connaît le mieux la nature des choses.

Agréez.

4154 — Paris, imprimerie Jouaust, rue Saint-Honoré, 338.